अणिमा

('निराला' की कविताएँ)

अणिमा

(कविताएँ)

सूर्यकान्त त्रिपाठी 'निराला'

लोकभारती प्रकाशन

लोकभारती प्रकाशन
पहली मंजिल, दरबारी बिल्डिंग, महात्मा गांधी मार्ग
प्रयागराज-211 001

वेबसाइट : www.lokbhartiprakashan.com
ईमेल : info@lokbhartiprakashan.com

शाखाएँ : 1-बी, नेताजी सुभाष मार्ग, दरियागंज
नई दिल्ली-110 002
अशोक राजपथ, साइंस कॉलेज के सामने
पटना-800 006
1, अनमोल सोराबजी संतुक लेन, धोबी तलाव,
मरीन लाइंस, मुम्बई-400 002

संस्करण : 2024

मूल्य : ₹ 495

बी.के. ऑफसेट
नवीन शाहदरा, दिल्ली-110 032
द्वारा मुद्रित

ANIMA
by Suryakant Tripathi 'Nirala'

ISBN : 978-81-8031-949-5

डॉ. रामविलास शर्मा को

क्रम

एक

नूपुर के सुर मन्द रहे,
जब न चरण स्वच्छन्द रहे।

उतरी नभ से निर्मल राका,
पहले जब तुमने हँस ताका
बहुविध प्राणों को झंकृत कर
बजे छन्द जो बन्द रहे।

नयनों के ही साथ फिरे वे
मेरे घेरे नहीं घिरे वे,
तुमसे चल तुममें ही पहुँचे
जितने रस आनन्द रहे।

(१९४१)

बादल छाये,
ये मेरे अपने सपने
        आँखों से निकले, मँडलाये।
बूँदें जितनी
चुनी अधखिली कलियाँ उतनी;
बूँदों की लड़ियों के इतने
हार तुम्हें मैंने पहनाये!

गरजे सावन के घन घिर घिर,
नाचे मोर बनों में फिर फिर
जितनी बार
चढ़े मेरे भी तार
        छन्द से तरह तरह तिर,
तुम्हें सुनाने को मैंने भी
        नहीं कहीं कम गाने गाये।
(१९४१)

तीन

जन-जन के जीवन के सुन्दर
हे चरणों पर
भाव-वरण भर
दूँ तन-मन-धन न्योछावर कर।
दाग़-दग़ा की
आग लगा दी
तुमने जो जन-जन की, भड़की;
करूँ आरती मैं जल-जल कर।
गीत जगा जो
गले लगा लो,
हुआ ग़ैर जो, सहज सगा हो,
करे पार जो है अति दुस्तर।
(१९३९)

चार

उन चरणों में मुझे दो शरण।
इस जीवन को करो हे मरण।

बोलूँ अल्प, न करूँ जल्पना,
सत्य रहे, मिट जाय कल्पना,
मोह-निशा की स्नेह-गोद पर
सोये मेरा भरा जागरण।

आगे-पीछे दायें-बायें
जो आये थे वे हट जायें,
उठे सृष्टि से दृष्टि, सहज मैं
करूँ लोक-आलोक-सन्तरण।
(१९३९)

पाँच

सुन्दर हे, सुन्दर!
दर्शन से जीवन पर
बरसे अनिश्वर स्वर।
परसे ज्यों प्राण,
फूट पड़ा सहज गान,
तान–सुरसरिता बही
तुम्हारे मङ्गल–पद छूकर।
उठी है तरङ्ग,
बहा जीवन निस्संग,
चला तुमसे मिलन को
खिलने को फिर फिर भर भर।
(१९३९)

छह

दलित जन पर करो करुणा।
दीनता पर उतर आये
प्रभु, तुम्हारी शक्ति अरुणा।
हरे तन-मन प्रीति पावन,
मधुर हो मुख मनोभावन,
सहज चितवन पर तरङ्गित
हो तुम्हारी किरण तरुणा।
देख वैभव न हो नत सिर,
समुद्धत मन सदा हो स्थिर,
पार कर जीवन निरन्तर
रहे बहती भक्ति-वरुणा।
(१९३९)

सात

भाव जो छलके पदों पर,
न हों हलके, न हों नश्वर।
चित्त चिर-निर्मल करे वह,
देह-मन शीतल करे वह,
ताप सब मेरे हरे वह
नहा आयी जो सरोवर।
गन्धवह हे, धूप मेरी
हो तुम्हारी प्रिय चितेरी,
आरती की सहज फेरी
रवि, न कम कर दे कहीं कर।
(१९३९)

आठ

धूलि में तुम मुझे भर दो।
धूलि-धूसर जो हुए पर
उन्हीं के वर वरण कर दो।
दूर हो अभिमान, संशय,
वर्ण-आश्रम-गत महाभय,
जाति-जीवन हो निरामय
वह सदाशयता प्रखर दो।
फूल जो तुमने खिलाया,
सदल क्षिति में ला मिलाया,
मरण से जीवन दिलाया
सुकर जो वह मुझे वर दो।
(१९४०)

नौ

तुम्हें चाहता वह भी सुन्दर,
जो द्वार-द्वार फिरकर
भीख माँगता कर फैलाकर।

भूख अगर रोटी की ही मिटी,
भूख की जमीन न चौरस पिटी,
और चाहता है वह कौर उठाना कोई
देखो, उसमें उसकी इच्छा कैसे रोई,
द्वार-द्वार फिरकर
भीख माँगता कर फैलाकर-
तुम्हें चाहता वह भी सुन्दर।

देश का, समाज का,
कर्णधार हो किसी जहाज का
पार करे कैसा भी सागर
फिर भी रहता है चलना उसे,
फिर भी रहता है पीछे डर;

चाहता वहाँ जाना वह भी
नहीं चलाना जहाँ जहाज, नहीं सागर,
नहीं डूबने का भी जहाँ डर।
तुम्हें चाहता है वह, सुन्दर,
जो द्वार-द्वार फिरकर
भीख माँगता कर फैलाकर।
(१९३९)

दस

मैं बैठा था पथ पर,
तुम आये चढ़ रथ पर।

हँसे किरण फूट पड़ी,
टूटी जुड़ गयी कड़ी,
भूल गये पहर-घड़ी,
आयी इति अथ पर।

उतरे, बढ़ गही बाँह,
पलकों की पड़ी छाँह,
शीतल हो गयी देह,
बीती अविकथ पर।
(१९४०)

ग्यारह

मैं अकेला;
देखता हूँ, आ रही
मेरे दिवस की सान्ध्य वेला।

पके आधे बाल मेरे,
हुए निष्प्रभ गाल मेरे,
चाल मेरी मन्द होती आ रही,
हट रहा मेला।
जानता हूँ, नदी-झरने,
जो मुझे थे पार करने,
कर चुका हूँ, हँस रहा यह देख,
कोई नहीं भेला*।

(१९४०)

*भेला-पुराने ढंग की नाव।

बारह/अज्ञता

मन के तिनके
नहीं जले अब तक भी जिनके,
देखा नहीं उन्होंने अब तक कोना-कोना
अपने जीवन का, दुनिया की चाँदी, सोना,
लाल, जवाहर, हीरे, मोती
छिपे हुए हैं अब तक उनसे, अब तक सोती
जगती भी आकांक्षा उनकी,
अब तक धुन की
नहीं उठी लौ,
उनके आसमान की अब तक नहीं फटी पौ,
नहीं दिखा
उनके जीवन की पुस्तक में है कहाँ क्या लिखा,
मिले तार
उनके औरों से नहीं, नहीं बजती बहार।
(१९४१)

तेरह/तुम और मैं

झुकता है सर,
दुनिया से मैं धोखा खाकर
गिरता हूँ जब
मुझे उठा लेते हो तुम तब
ज्यों पानी को किरन, तपाकर।
फिर दुनिया की आँखों से मुझको ओझल कर
रखते आसमान पर,
बादल मुझे बनाते
रंग किरनों से भरते हो सुन्दर;
मुझे उड़ाते रहते हो फिर हवा-हवा पर
तर सागर-वन
नदी आर्द्र घन
मैं देखता देश-देशान्तर,
तब यह जग आहें भर-भर
कहता है, 'आओ, जलधर!'
गरज-गरज बिजली कड़काकर
(जब कहते हो, जाओ, प्यारे,)

लाख-लाख बूँदों से मैं टूटता गगन से

जैसे तारे।

मिट जाती है जलन

मगर मैं आ जाता हूँ फिर मिट्टी पर

पर तुम मुझे उठाते हो फिर

छिपे कली के दिल के अन्दर

जड़ से चढ़कर,

तने-शाख-डण्ठल से होकर,

रहता हूँ अविकच कलिका के

जीवन में मैं जीवन खोकर।

जब वह खिलती,

आँखें लड़ा-लड़ाकर मिलती,

उसे तोड़कर,

मालिन सुई चलाती है मुँह मोड़-मोड़कर,

मैं खुशबू में उड़ता हूँ तब,

उसी गगन पर, मुक्त-पंख भर,

धरा छोड़कर!

(१९४०)

चौदह/सन्त कवि रविदास जी के प्रति

ज्ञान के आकर मुनीश्वर थे परम
धर्म के ध्वज, हुए उनमें अन्यतम,
पूज्य अग्रज भक्त कवियों के, प्रखर
कल्पना की किरण नीरज पर सुघर
पड़ी ज्यों अँगड़ाइयाँ लेकर खड़ी
हो गयी कविता कि आयी शुभ घड़ी
जाति की, देखा सभी ने मीचकर
दृग, तुम्हें श्रद्धा-सलिल से सींचकर।
रानियाँ अवरोध की घेरी हुई
वाणियाँ ज्यों बनीं जब चेरी हुईं।
छुआ पारस भी नहीं तुमने, रहे
कर्म के अभ्यास में, अविरत बहे
ज्ञान-गंगा में, समुज्ज्वल चर्मकार,
चरण छूकर कर रहा मैं नमस्कार।
(१९४२)

पन्द्रह/श्रद्धाञ्जलि

(आचार्य शुक्ल जी के प्रति)

अमा निशा थी समालोचना के अम्बर पर
उदित हुए जब तुम हिन्दी के दिव्य कलाधर।
दीप्ति-द्वितीया हुई लीन खिलने से पहले
किन्तु निशाचर सन्ध्या के अन्तर में दहले।
स्पष्ट तृतीया, खिंची दृष्टि लोगों की सहसा,
छिड़ी सिद्ध साहित्यिक से तुमसे जब वचसा।
मुक्त चतुर्थी, समालोचना वधू ब्याहकर
लाये तुम, पञ्चमी काव्यवाणी अपने घर।
षष्ठी; छह ऐश्वर्य प्रदर्शित कोष प्राण में,
शिक्षण की सप्तमी, महार्णव सप्त ज्ञान में।
दिये अष्टमी आठों वसु टीकाओं में भर,
नवमी शान्ति ग्रहों की, दशमी विजित दिगम्बर।
एकादशी रुद्रता, रामा कला द्वादशी,
त्रयोदशी-प्रदोष-गत चतुर्दशी-रत्न शशी।
(१९४१)

सोलह/आदरणीय प्रसाद जी के प्रति

हिन्दी के जीवन हे, दूर गगन के द्रुततर
ज्योतिर्मय तारा-से उतरे तुम पृथ्वी पर;
अन्धकार कारा यह, बन्दी हुए मुक्तिधन,
भरने को प्रकाश करने को जनमन चेतन;
जीना सिखलाने को कर्मनिरत जीवन से,
मरना निर्भय मन्दहासमय महामरण से;
लोकसिद्ध व्यवहार ऋद्धि से दिखा गये तुम,
छोड़ा है छिड़ने पर सुघर कलामय कुंकुम;
उठा प्रसङ्ग-प्रसङ्गान्तर रंग-रंग से रँगकर
तुमने बना दिया है वानर को भी सुन्दर;
किया मूक को मुखर, लिया कुछ, दिया अधिकतर,
पिया गरल, पर किया जाति-साहित्य को अमर।
तुम बसन्त-से मृदु, सरसी के सुप्त सलिल पर
मन्द अनिल से उठा गये हो कम्प मनोहर,
कलियों में नर्तन, भौंरों में उन्मद गुञ्जन,
तरुण-तरुणियों में शतविध जीवन-व्रत-भुञ्जन,
स्वप्न एक आँखों में, मन में लक्ष्य एक स्थिर,

पार उतरने की संसृति में एक टेक चिर;
अपनी ही आँखों का तुमने खींचा प्रभात,
अपनी ही नयी उतारी सन्ध्या अलस-गात,
तारक-नयनों की अन्धकार-कुन्तला रात
आयी, सुरसरि-जल-सिक्त मन्द-मृदु बही वात,
कितनी प्रिय बातों से वे रजनी-दिवस गये कट,
अन्तराल जीवन के कितने रहे, गये हट,
सहज सृजन से भरे लता-द्रुम किसलय-कलि-दल,
जगे जगत् के जड़ जल से वासन्तिक उत्पल,
पके खेत लहरे, सोना-ही-सोना चमका,
सुखी हुए सब लोग, देश में जीवन दमका,
हुआ प्रवर्तन, खुली तुम्हारी ही आँखों से,
उड़ने लगे विहग ज्यों युवक मुक्त पाँखों से;
खोये हुए राह के, भूले हुए कभी के
बढ़े मुक्ति की ओर भाव पा अपने जी के।
फूटा ग्रीष्म तुम्हारे जीवन का, दिङ्मण्डल
तपा, चली लू, लपटें उठने लगीं, अमङ्गल
फैला, आहों से लोगों की पृथ्वी छायी,
बढ़ा त्रास, फिर अपलापों की बारी आयी,
रहित बुद्धि से लोग असंयत हुए अनर्गल,
किन्तु नहीं तुम हिले, तुम्हारे उमड़े बादल,

गरजे सारा गगन घेर बिजली कड़काकर,
काँपे वे कापुरुष सभी अपने-अपने घर,
धारा झरझर झरी, घटा फिर फिर घिर आयी,
सौ सौ छन्दों में फूटी रागिनी सुहायी
सावन की, निर्बल दबके दल-के-दल वे जन,
अपने घर में करते भला-बुरा आलोचन;
भरी तुम्हारी धरा हरित साड़ी पहने ज्यों
युवती देख रही हो नभ को नहीं जहाँ क्यों।

आयी शरत् तुम्हारी, आयत-पङ्कज-नयना,
हरसिंगार के पहन हार ज्योतिर्मय-अयना;
एक बार फिर से लोगों को सिन्धुस्नान कर
निकला हुआ दिखा काशी में इन्दु मनोहर-
विजय तुम्हारी, लिये हृदय में लाञ्छन सुन्दर
अस्त हो गया कीर्ति तुम्हारी गा अविनश्वर।

हे चतुरङ्ग, तुम्हारी विजयध्वजा धारण कर
खड़े सुमित्रानन्दन, देवी, मोहन, दिनकर,
माखनलाल, नवीन, भगवती, चन्द्र, आरसी,
कमल, प्रभात, सुभद्रा, अञ्चल, अज्ञेयशशी
कितने रवि, केसरी, कुमार, नरेन्द्र, रमा, ये

रामविलास, प्रदीप, जानवकीवल्लभ जागे,
भिन्न रूप-रंग के, पर एक लक्ष्य के सक्षम
कितने और तुम्हारी करते पूर्ति मनोरम
गद्य-पद्य की, प्रतिभा की, साहित्य-समर की,
सुमन, विनोद, उग्र, पाठक, बेढब बनारसी,
नन्ददुलारे, चन्द्र प्रकाश कुँवर, शिवमङ्गल,
इलाचन्द्र, बच्चन, हृदयेश, सुमित्रा, निर्मल,
कोकिल, विनयकुमार, श्याम शाखाल, मञ्जु, छवि
नीलकण्ठ, सर्वदानन्द, गिरिजा, गुलाब कवि,
शिवपूजन, गङ्गाप्रसाद, बलभद्र, अश्क, श्री
लली, उदयशङ्कर, द्विज, मुकुल, अरुण, सावित्री।
यौवन का हेमन्त तुम्हारा भर लहराया
एक छोर से अन्य छोर तक जीवन छाया,
गेहूँ की, अरहर की, जौ की, चने-मटर की,
हरियाली-ही-हरियाली फैली, घर-घर की
खेती ज्वार-बाजरे की आयी कट-कटकर,
सुखी हुए सब जन अपने अपने सुन्दर घर
खुशियाँ लगे मनाने, हुआ हृदय में निश्चय-
बदले दिन जो रहे हमारे, जब हम निर्भय,-
बढ़े हुए जो, उनकी आँखों पर आँखें रख
बातचीत कर सकते हैं हम, अब कोई पख

लगा नहीं सकता, दीनता हमारी पहली
नहीं रही वह; पुराङ्गनाओं से हँस कह ली
श्री की कथा, दीप से ज्योतित कर अन्त:पुर,
नम्र देखती मधुर, प्रकाशित करती-सी उर
अन्य जनों का, तरुणी पुस्तक पाठ में लगी
आदर करती-सी अतीत का, प्राण में जगी
वर्तमान की ओर बढ़ी।
अपने में निश्चल
युगप्रवर्तक, हुए शीत में व्याधि से विकल,
रहा साथ मैं नतमस्तक, सेवा को; अग्रज,
चले गये तुम धरा छोड़ गौरव-विजय ध्वज!
(१९४०)

सत्रह/भगवान् बुद्ध के प्रति

आज सभ्यता के वैज्ञानिक जड़ विकास पर
गर्वित विश्व नष्ट होने की ओर अग्रसर
स्पष्ट दिख रहा; सुख के लिए खिलौने जैसे
बने हुए वैज्ञानिक साधन; केवल पैसे
आज लक्ष्य में हैं मानव के; स्थल-जल-अम्बर
रेल-तार-बिजली-जहाज नभयानों से भर
दर्प कर रहे हैं मानव, वर्ग से वर्गगण,
भिड़े राष्ट्र से राष्ट्र, स्वार्थ से स्वार्थ विचक्षण।
हँसते हैं जड़वादग्रस्त, प्रेत ज्यों परस्पर,
विकृत-नयन मुख, कहते हुए, अतीत भयङ्कर
था मानव के लिए, पतित था वह विश्वमन,
अपटु अशिक्षित वन्य हमारे रहे बन्धुगण;
नहीं वहाँ था कहीं आज का मुक्त प्राण यह,
तर्कसिद्ध है, स्वप्न एक है विनिर्वाण यह।
वहाँ बिना कुछ कहे, सत्य-वाणी के मन्दिर,
जैसे उतरे थे तुम, उतर रहे हो फिर फिर
मानव के मन में,-जैसे जीवन में निश्चित

विमुख भोग से, राजकुँवर, त्यागकर सर्वस्थित
एकमात्र सत्य के लिए, रूढ़ि से विमुख, रत
कठिन तपस्या में, पहुँचे लक्ष्य को, तथागत!
फूटी ज्योति विश्व में, मानव हुए सम्मिलित,
धीरे-धीरे हुए विरोधी भाव तिरोहित;
भिन्न रूप से भिन्न-भिन्न धर्मों में सञ्चित
हुए भाव, मानव न रहे करुणा से वञ्चित;
फूटे शत-शत उत्स सहज मानवता-जल के
यहाँ वहाँ पृथ्वी के सब देशों में छलके;
छल के, बल के पङ्किल भौतिक रूप अदर्शित
हुए तुम्हीं से, हुई तुम्हीं से ज्योति प्रदर्शित।
(१९४०)

अट्ठारह/सहस्राब्दि

(विक्रमीय प्रथम १००० संवत्)

विक्रम की सहस्राब्दि का स्वर
कर चुका मुखर
विभिन्न रागिनियों से अम्बर।

आ रही याद
वह उज्जयिनी, वह निरवसाद
प्रतिमा, वह इतिवृत्तात्मकथा,
वह आर्यधर्म, वह शिरोधार्य वैदिक समता,
पाटलीपुत्र की बौद्ध–श्री का अस्त रूप,
वह हुई और भू–हुए जनों के और भूप,
वह नवरत्नों की प्रभा–सभा के सुदृढ़ स्तम्भ,
वह प्रतिभा से दिङ्नाग–दलन,
लेखन में कालिदास के अमला–कला–कलन,
वह महाकाल के मन्दिर में पूजोपचार,
वह शिप्रावात, प्रिय से प्रिया ज्यों चाटुकार।
आ रही याद

वह विजय शकों से अप्रमाद,

वह महावीर विक्रमादित्य का अभिनन्दन,

वह प्रजाजनों का आवर्तित स्यन्दन-वन्दन,

वे सजी हुई कलशों से अकलुष कामिनियाँ,

करती वर्षित लाजों की अञ्जलि भामिनियाँ,

तोरण-तोरण पर

जीवन को यौवन से भर

उठता सस्वर

मालकौश हर

नश्वरता को नवस्वरता दे करता भास्वर

ताल-ताल पर

नागों का बृंहण, अश्वों की ह्रेषा

भर-भर

रथ का घर्घर,

घण्टों की घन-घन

पदातिकों का उन्मद-पद पृथ्वी-मर्दन।

आ रही याद

तूलिका नारियों के चित्रण की निरपवाद,

ब्राह्मण-प्रतिभा का अप्रतिहत गौरव-विकास,

वर्णाश्रम की नव स्फुरित ज्योति, नूतन विलास,

कामिनी-वेश नव, नवल केश, नव-नव कवरी,
नव-नव बन्धन, नव-नव तरंग, नव-नवल तरी,
नव-नव वाहन विधि, वाहित वनिता-जन नव-नव
नव-नव चिन्तन, रचना नव-नव, नव-नव, उत्सव,
नूतन कटाक्ष, सम्बोधन नूतन उच्चारण,
नूतन प्रियता की प्रियतमता, ममता नूतन,
संस्कृति नूतन, वस्तु-वास्तु-कौशल-कला नवल,
विज्ञान-शिल्प-साहित्य सकल नूतन-सम्बल,
पाली के प्रबल पराक्रम को संस्कृत प्रहार,
कालिदास-वररुचि के समलंकृत रुचिर तार।

कर रहा मनन
मैं शंकर का उत्थान, बौद्ध-धर्म के पतन-
जन-बल-वर्धन के हेतु वाम-पथ का चालन,-
लोगों में भय का कारण, मारण, सम्मोहन,
उच्चाटन, वशीकरण, संकर्षण, संत्रासन,
दिव्य भाव के बदले अदिव्य भाव का ग्रहण,-
फिर बदला ज्यों यह रूप शक्ति के साधन से,
बौद्ध से आर्यरूपता हुई आराधन से,
उस अदिव्यता के अर्थ विरोध कुमारिल का
बौद्धों से हुआ, ताल जो बना एक तिल का,
वे शिष्य हुए शंकर के, शुद्ध भाव भरते,

दिग्विजय–अर्थ भारत में साथ भ्रमण करते।
सुविदित प्रयाग के वे प्रचण्ड पण्डित मण्डन,
वामा थीं जिनकी उभय भारती, आलोचन
शंकर से जिनका कामशास्त्र में हुआ, विजित
शंकर हो शिक्षा लेने को लौटे विचलित,
कर पूर्ण अध्ययन राजदेह में कर प्रवेश
त्यागी शरीर को रख निर्मल, आये अशेष,
व्याध को पिता कह द्रुम–पातन की शिक्षा ली,
चढ़ गये पेड़ पर, बैठे, पढ़ा मन्त्र डाली
झुककर आयी आँगन पर, उतरे, फिर बोले–
"जो हारा पहले से क्यों दरवाजा खोले?"
मध्यस्थ उभयभारती हुई, शास्त्रालोचन
शंकर से हुआ प्रखर जिसमें, हारे मण्डन।
फिर चले छोड़कर गृह त्याग के विजयध्वज से,
मिल गये ज्ञान की आँखों से नभ से–रज से।

आ रहा याद वह वेदों का उद्धार, ख्यात
वह श्रुतिधरता, ज्ञान की शिखा वह अनिर्वात
निष्कम्प, भाष्य प्रत्थानत्रयी पर, संस्थापन
भारत के चारों ओर मठों का, संज्ञापन,
बौद्धों के दल का जीते ही वह दाहकरण,
जलकर तुषाग्नि में अपना प्रायश्चित्त–वरण

शंकर के शिष्यों का। मुझको आ रही याद
वह अस्थिरता जनता के जीवन की, विषाद
वह बढ़ा पण्डितों में जैसे शंकर मत से–
अद्वैत–दार्शनिकता से हुए यथा हत से–
प्रच्छन्न बौद्ध ज्यों कहने लगे, वेदविधि के
कर्मकाण्ड के लोप से दुखी जन वे निधि के
प्रत्याशी, फल के कामी, दुरित–दैन्य दल–मल
चाहते दैव से श्री, शोभा, विभूति, सम्बल।
ऐसे सांसारिक जनों के लिए ज्यों जीवन
आये रामानुज; गृही चरित का आवर्तन
श्री–सुख से भरकर किया भिन्न दर्शन देकर
रक्खा संश्लेष विशिष्ट नाम रखकर सुन्दर।

जो वैदिक ज्ञान, तथागत का निर्वाण वही,
जो धरा वही विचार धारा की रही मही,
देश काल औ' पात्र के भेद से भिन्न वेद
प्रेम जो, हुआ ज्यों वही बदलकर प्रियच्छेद।
बौद्ध के ही प्रचार का फल मिस्र में फलित–
मूसा की प्रतिभा में बदला वह धर्म कलित,
फिर ईसा में आया कुछ परिवर्तन लेकर,
फिर हुआ महम्मद में अवतरित ताल देकर
एक ही भिन्न राग का प्रबल,

फैला कलकल
ज्यों जलोच्छ्वास प्लावन का दसों दिशाएँ भर
भ्रातृभाव का उल्लास प्रखर।
टूटा भारत का वर्ण-धर्म का बाँध प्रथम
इससे, जो सम थे हुए, हुए वे आज विषम
हारे दाहिर, हर गयीं कुमारी कन्याएँ।
सूरज-परिमल, कुल की वे उत्कल धन्याएँ।
ले साथ महम्मद-बिन-कासिम अरब को चला,
है विदित चुकाया कन्याओं ने ज्यों बदला।

जब टूटा कान्यकुब्ज का वह साम्राज्य विपुल,
छोटे-छोटे राज्यों से हुआ विपत्संकुल
यह देश। उधर अदम्य होकर
बढ़ता ही चला राष्ट्र इस्लामी; वेग प्रखर
पृथ्वी सँभालने में असमर्थ हुई; निश्चय
दुर्दान्त क्षत्रियों से जो था प्राणों में भय
उन इतर प्रजाओं में, छाया उसका तुषार
जो फुल्ल-कमल-कुल पर आ पड़ा, सहस्रवार
नैसर्गिक अम्बर से ज्यों; ज्यों अधिकारि-भेद
चाहती बदलना प्रकृति यहाँ की, समुच्छेद
कर सकल प्राथमिक नियम, निपुण
चाहती सृष्टि नूतन ज्यों, औरों के गिन गुण

अधिकार चाहती हो देना, सुनकर पुकार
प्राणों की, पावन गूँथ हार
अपना पहनाने को अदृश्य प्रिय को सुन्दर,
ऊँचा करने को अपर राग से गाया स्वर।
(१९४२)

उन्नीस/उद्‌बोधन

दूर करो भ्रम-भास,
खोलो ये पलकें,
खुला सूर्य, खुला दिगाकाश।
खुले हुए राजपथ
स्थल-जल-व्योम के,
चलते हैं अविरत
यात्री भी सोम के,
जान ले हथेली में,
धात्री तुम्हारी किन्तु
गाँव की वसुन्धरा
आज भी पहेली में
खड्ढों से भरी हुई
हो रही है प्राणहरा
यदि यान-वाहनों की
मन्द हो रही है चाल,
प्रगति में तुम्हारे यदि
बिछा काँटों का जाल,

उड़ती है सदा धूल,
हिम्मत न हारो तुम,
सुधरेगी यह भूल,
सुथरा होगा यह पथ,
उठेंगे शीघ्रगति
लक्ष्य को पद श्लथ।
नहीं वह तुम्हारी गति
लोभ-लुण्ठन हो जहाँ
नाश जिसकी परिणति,
औद्धत्य यौवन
हो युद्ध की विघोषणा,
हार और मृत्यु के ही
उदर की पोषणा।
कहता है इतिहास,
सत्य-ज्ञान-प्रेम का
तुम्हारा दिया है प्रकाश।
उठी नहीं तलवार
देश की पराजय को,
बही है सहस्त्रधार
मुक्ति यहाँ से, क्षय को
मृत्यु के जड़त्व के;

नहीं यहाँ थे गुलाम,
देश यह वही जहाँ
जीत गये क्रोध-काम;
भाव उठा लो वही
जीवन का वार एक
और सहो तो सही।
सबल यों नीति से,
पढ़ो दान विश्व के
दिये जो ज्ञान-रीति के
खुले हुए विश्व को
समझो तुम देखकर,
प्रतिमा विशेषकर
ध्यान में समायी हुई-
जैसे आकाश में
सूर्य-चन्द्र-तारा-ग्रह
पृथ्वी और जड़-चेतन
बहु रूप-रेखाएँ
दिखती है, वैसे ही
ज्ञान में
दिखेंगे बीज विश्व के विकास के
ज्ञान-विज्ञान के,

दर्शनेतिहास गत
भिन्न-भिन्न भावों के।
सम्बद्ध क्रियाशील
देखोगे, सलील ही
बदल गये हैं रूप-
भाव, जो तुम्हारे थे,
साथ ही साथ ये
बदले हैं घर-द्वार,
जीवन के अनिवार
नियम से हैं उठे
आलोक-छाया-प्रद,
जीवनद व्यवहार,
बहता चलता हुआ
कलकल ध्वनि कर,
अर्थ परमार्थ से
मिलते खिलते हुए
प्रतिवर्ष के-से फूल,
भिन्न-भिन्न रूप के
कृषि-शिल्प-व्यापार
रक्षण के स्तम्भ-से
खड़े समारम्भ के

नगर–समाज–शास्त्र,
आज दिव्यास्त्र ज्यों
विश्वमानवता के,
राजनीति–धर्मनीति
वर्जित पाशवता से,
सभी बदले हुए–
सभी भिन्न रूप के,
जर्जरता–स्तूप से
मन्त्र निकले हुए,
साम्य रखते हुए
विश्व के जीवन से;
बदले हुए कुम्हार,
नाई–धोबी–कहार,
ब्राह्मण–क्षत्रिय–वैश्य,
पासी–भङ्गी–चमार,
परिया और कोल–भील;
नहीं आज का यह हिन्दू,
आज का यह मुसलमान,
आज का ईसाई, सिक्ख,
आज का यह मनोभाव,
आज की यह रूपरेखा।

नहीं यह कल्पना,
सत्य है मनुष्य का
मनुष्यत्व के लिए,
बन्द हैं जो दल अभी
किरण-सम्पात से
खुल गये वे सभी।
(१९४१)

बीस / अखिल-भारतवर्षीय महिला-सम्मेलन की सभानेत्री श्रीमती विजयलक्ष्मी पण्डित के प्रति

जीवन की ज्यों छुटी शक्ति आरक्ति से भरी-
नभश्चुम्बिनी उतरी क्षिति पर किरण की परी,
पार कर रही थीं प्राङ्गण विश्व का अनुर्वर
अर्जित यौवन में मार्जित जीवन भर-भरकर
मुखरा, प्रिय के सङ्ग; तीसरा प्रहर दिवस का;
मरूद्यान में यान तुम्हारा रुका विवश-सा;
उतरीं तुम, सङ्ग-सङ्ग प्रिय, उस रङ्गमञ्च पर
हरित-गुल्म-तरु-लता-लास कलि-हास मनोहर;
बढ़ी देखती पड़ी दृष्टि पाटल पर सुन्दर,
हृत रक्तोत्पल स्थल पर मन्द-गन्ध उन्मदकर;
स्निग्ध शान्त एकान्त; लोक-नयनों से ओझल;
उत्कल अपने में, केवल नैसर्गिक सम्बल;
तोड़ा तुमने; अधर-स्पर्श से करके व्याकुल
लगा लिया उर में; प्रिय की शुभ दृष्टि गयी खुल।
(१९४२)

इक्कीस/माननीया
श्रीमती विजयलक्ष्मी पण्डित के प्रति

से दिन तुमि आमाय डेकेछिले
आमार सङ्गे कथा बोलबे बोले।
भेबेछिलेम, कोनो अछिलाय
एड़िये जाबो एमन विषम दाय।
नाना रकम भेबे गेलेम शेषे,
एले तोमार रूपेर स्रोते भेसे।
चाहनीते किन्तु विषम लागे,
प्राणे आमार दुरु-दुरु जागे।
चरित एकटी धरे बोलले, "कोबलार,
जुतो पालिश करते पारो?" "पारी"
जेइ बोललेम, बोलले मानिये हार,
"तखन तोमार कलम आमी बाड़ी"
कलम बाड़ार भाबे। गन्ध छोटे;
तोमार चोखे-मुखे गोलाप फोटे।
(१९४२)

''माननीया श्रीमती विजयलक्ष्मी पण्डित के प्रति''

बँगला-चतुर्दशपदी का अर्थ

उस रोज तुमने मुझे बुलाया था मुझसे बातचीत करने के लिए। मैंने सोचा था, किसी बहाने यह समस्या बचा जाऊँगा। मगर तरह-तरह की सोचकर अन्त में गया। तुम अपने रूप की तरङ्गों पर तैरती हुई जैसे आयीं। लेकिन, तुम्हारे चितवन से, पीते वक्त जैसे पानी लगा। दिल धड़का। मेरे उपन्यास का एक चरित चुनकर तुमने पूछा, ''जूतासाज़, पालिश कर सकते हो,''-एक पैर उठाकर जूता दिखाया। ''कर सकता हूँ'' ज्यों ही मैंने कहा कि तुमने जवाब दिया, ''तब मैं तुम्हारी क़लमसाज़ी करूँगी।'' साथ ही क़लमसाज़ी की भङ्गिमा दिखायी। खुशबू उड़ी-तुम्हारी आँखों और मुख पर गुलाब खिले। -निराला

बाईस/युग-प्रवर्तिका श्रीमती महादेवी वर्मा के प्रति

दिये व्यंग्य के उत्तर रचनाओं से रचकर,
विदुषी रहीं विदूषक के समक्ष तुम तत्पर;
हिन्दी के विशाल मन्दिर की वीणा-पाणी,
स्फूर्ति-चेतना-रचना की प्रतिमा कल्याणी,
निकला जब 'नीहार' पड़ी चञ्चलता फीकी
खुली 'रश्मि' से मुख की श्री युग की युवती की,
प्रति उर सुरभित हुआ, 'नीरजा' से, निरभ्रनभ
शत-शत स्तुतियों से गूँजा 'यह सौरभ, सौरभ'।
'सान्ध्य गीत' गाये समर्थ कवियों ने सुस्वर,
वीणा पर, वेणु पर, तन्त्र पर और यन्त्र पर।
'यामा'-'दीपशिखा' के विशिखों के ज्यों मारे
अपल-चित्र हो गये लोग, 'चलचित्र' तुम्हारे
चला रहे हैं सहज शृङ्खला की कड़ियों से,
सजो, रँगो लेखनी-तूलिका की छड़ियों से।
(१९४३)

तेईस

तुम आये,
अमा-निशा थी,
शशधर-से नभ में छाये।
फैली दिङ्मण्डल में चाँदनी,
बँधी ज्योति जितनी थी बाँधनी,
खुली प्रीति, प्राणों से प्राणों में भाये।

करती हैं स्तवन मन्द पवन से
गन्ध-कुसुम-कलिकाएँ भवन से,
किञ्चन के रस-सिञ्चन से तुम लहराये।

आने को भी है फिर प्रात सहज,-
सजने को नवजीवन से रज-रज,
तुमको व्यञ्जित या रंजित कर दे जाये।
(१९४२)

चौबीस

स्नेह-निर्झर बह गया है।
रेत ज्यों तन रह गया है।
आम की यह डाल जो सूखी दिखी,
कह रही है–"अब यहाँ पिक या शिखी
नहीं आते, पंक्ति मैं वह हूँ लिखी
नहीं जिसका अर्थ–
                जीवन दह गया है।"
"दिये हैं मैंने जगत् को फूल-फल,
किया है अपनी प्रभा से चकित-चल;
पर अनश्वर था सकल पल्लवित पल–
ठाट जीवन का वही
                जो ढह गया है।"
अब नहीं आती पुलिन पर प्रियतमा,
श्याम तृण पर बैठने को, निरुपमा।
बह रही है हृदय पर केवल अमा;
मैं अलक्षित हूँ, यही
                कवि कह गया है।
(१९४२)

पच्चीस

द्रुम-दल शोभी फुल्ल नयन ये,
जीवन के मधु-गन्ध-चयन ये।
रवि के पूरक, रङ्ग रङ्ग के,
छाया-छवि कवि के अनङ्ग के,
स्नेह व्यंग्य के, सङ्ग सङ्ग के,
अङ्ग अङ्ग के शमित शयन ये।

देह-भूमि के सजल श्याम घन,
प्रणय-पवन से ज्योतिर्वर्षण,
उर के उत्पल के हर्षण-क्षण,
आन्दोलन के सृष्ट अयन ये।

प्रेम-पाठ के पृष्ठ उभय ज्यों
खुले भी न अब तलक खुले हों,
नित्य अनित्य हो रहे हैं, यों
विविध-विश्व-दर्शन-प्रणयन ये।
(१९४२)

छब्बीस

मत्त हैं जो प्राण,
जानते हैं कब किसी का मान?

बेलि विष की फैलकर जो खिल गयी,
गन्ध जिसकी हवा के उर मिल गयी,
वह बिना समझे हृदय में हिल गयी,
कर गयी अपमान।

रात चलते लगेंगे काँटे, सही,
धूल में उनको मिलायेगी मही,
डाल की वह बात हटकर ही रही,
फिर कहाँ उत्थान?

है व्यथा में स्नेह निर्भर जो, सुखी;
जो नहीं कुछ चाहता, सच्चा दुखी;
एक पथ ज्यों जगत् में, है बहुमुखी,
सर्वदिक् प्रस्थान।

(१९४२)

सत्ताईस

मरण को जिसने वरा है
उसी ने जीवन भरा है।
परा भी उसकी, उसी के
अङ्क सत्य यशोधरा है।
सुकृत के जल से विसिञ्चित
कल्प-किञ्चित् विश्व-उपवन,
उसी की निस्तन्द्र चितवन
चयन करने को हरा है।
गिरिपताक उपत्यका पर
हरित तृण से घिरी तन्वी
जो खड़ी है वह उसी की
पुष्पभरणा अप्सरा है।
जब हुआ वञ्चित जगत् में
स्नेह से, आमर्ष के क्षण,
स्पर्श देती है किरण जो,
उसी की कोमलकरा है।

(१९४२)

अट्ठाईस

गया अँधेरा
देख, हृदय, हुआ है सवेरा।

चलना है बहुत दूर रे,
नहीं वहाँ परी, नहीं हूर,
मूसा का जैसा, कुछ देने के लिए है,
निर्जीवन जीवनदहन तूर;
और कहीं डाल अपना डेरा–
गया अँधेरा!

कोई नहीं पूछता, न पूछे,
भरे रह गये हैं वे, इसलिए
तेरी नजरों में हैं छूँछे;
ढलकाता चल उनका जल रे,
भर जैसे मिलना है तेरा–
गया अँधेरा।

(१९४३)

उनतीस/तुम*

दिया जीवन, तुम्हारा ही दिया यह दुःख दारुणदव,
दिया अन्तःकरण बैठे जहाँ करते तुम्हीं अनुभव।

तुम्हारे ही नयन ये हैं सलिल-सरिता बही जिनसे,
विकलता भी तुम्हारी है, तुम्हारा है करुण हा रव।

तुम्हारी दी हुई निधि वह, तुम्हारी ही ग्रहण-विधि वह
तुम्हीं अनमन विजन वन में बहाते शान्ति शुचि सौरभ

तुम्हारा मैं तुम्हारा तन तुम्हारा ही विपुल धनजन
समझ कर भी न समझा मन, मिटाओ मोह-घन गौरव

(१९२२)

---

*अनुवाद

तीस

स्नेह-मन तुम्हारे नयन बसे,
जीवन-यौवन के पाश कसे।

पल्लवित प्रणय के, निरावरण,
खिल गये लता-द्रुम नभस्तरण,
चुम्बित समीर-कुंकुम क्षण-क्षण,
सिहरे, बिहरे; फिर हँसे, फँसे।

रँग गया प्रेम का अन्तराल,
खुल गया हेम का जगज्जाल,
तुल गयी किरण, धुल गयी झील,
जीवन-सकाल से सकल गसे।
(१९४३)

इकतीस

जननि, मोहमयी तमिस्रा दूर मेरी हो गयी है।
विश्व-जीवन की विविधता एकता में खो गयी है।

देखता हूँ यहाँ, काले-लाल-पीले-श्वेत जन में।
शान्ति की रेखा खिंची है, क्रान्ति कृष्णा रो गयी है।

जग रहे हैं वे जगत् में जो तुम्हारी गोद में हैं,
दृष्टि में उनकी अपरिचयता परायी सो गयी है।

काम आये हैं, बने हैं जो किसी के भी बनाये,
बीज पानी में, जवानी में, सुखाशा बो गयी है!

चाल उलटी फिर उलटती है यही है सत्य जग का;
देखता हूँ, पल्लवों की धूल वर्षा धो गयी है।
(१९४२)

बत्तीस

यह है बाज़ार
सौदा करते हैं सब यार।

धूप बहुत तेज थी, फिर भी जाना था,
दुखिये को सुखिया के लिए तेल लाना था,
बनिये से गुड़ का रुपया पिछला पाना था,
चलने को हुआ जैसे बड़ा समझदार।

सुखिया बोली अपनी सास को सुनाकर यों,
"मास के पैसे शायद अब तक भी बाकी हों,
अच्छा है अगर करें पूरी धेली ज्यों-त्यों,
टूटा रुपया खर्च होते लगेगी न बार।"

दुखिया बोला मन में, "ठहर अरी सास की,
मास खिलाता हूँ मैं तुझे, अभी रास की
चोरी है याद मुझे, बात कौन घास की
बैठाली क्या जाने ब्याही का प्यार?"

मगर निकलकर घर से तेज कदम बढ़ा चला,
पिछली बातों का अगली बातों ने घोंटा गला,
दुखिया ने सोचा, "इसके पीछे बिना पड़े भला,
बैठा ले दूसरा तो सिंह से हूँ स्यार।"
(१९४२)

तैंतीस

तुम्हीं हो शक्ति समुदय की,
तुम्हीं अनुरक्ति संचय की।
तुम्हारी दृष्टि ही है–
ज्ञान से जकड़ा हुआ सागर
मथा फिर देव–असुरों ने
समझकर रत्न का आकर,
पिया विष विष्णु के ही अर्थ
शंकर ने अमरता–भर,
जहाँ से आय है निश्चित
जहाँ से बुद्धि है व्यय की।
कथा के स्रोत का उत्थान
तुमसे है, पतन तुमसे;
विषय–स्पष्टीकरण तुमसे,
प्रलम्बित आहरण तुमसे;
तरङ्गों का विताड़ित भाव,
अर्थ–न्यास–धन तुमसे,
मिलन तुमसे, विरह तुमसे,
व्यथा उत्थान की, लय की।

(१९४२)

चौंतीस

गहन है यह अन्ध कारा;
स्वार्थ के अवगुण्ठनों से
हुआ है लुण्ठन हमारा।

खड़ी है दीवार जड़ की घेरकर,
बोलते हैं लोग ज्यों मुँह फेरकर,
इस गगन में नहीं दिनकर,
नहीं शशधर, नहीं तारा।

कल्पना का ही अपार समुद्र यह,
गरजता है घेरकर तनु, रुद्र यह,
कुछ नहीं आता समझ में,
कहाँ है श्यामल किनारा।

प्रिय, मुझे वह चेतना दो देह की,
याद जिससे रहे वञ्चित देह की
खोजता-फिरता, न पाता हुआ,
मेरा हृदय हारा।

(१९४२)

पैंतीस

घेर लिया जीवों को जीवन के पाश ने;
बाँधा सुन्दर को तब नर के विश्वास ने।

ज्योति अगर अम्बर से विच्युत कर दी गयी,
तो न रही ज्योति, हुई वह अलक्ष्यता नयी,
मुक्ति उसे कह सकते हैं; प्रभेद हैं कई;
किन्तु सदा बाँधा है ईश्वर को दास ने।

लोग बाग चलते फिरते हैं, यह सही है;
उठे पैर को लगनी आड़ एक रही है;
सब कुछ टेढ़ा है जैसे सरिता बही है,
सीधा है जैसे खोला गुल को वास ने।

बाँकी भौंहें ही सुन्दर हैं, यह कहते हैं,
बाँकी चितवन से ही नयन फँसे रहते हैं,
बड़े लड़ाके बाँके ही मारें सहते हैं;
पार किया है तम से प्रभा के विनाश ने।
(१९४२)

छत्तीस

भारत ही जीवन-धन
ज्योतिर्मय परम-रमण,
सर-सरिता वन-उपवन।

तपः-पुञ्ज गिरि-कन्दर,
निर्झर के स्वर पुष्कर,
दिक्प्रान्तर मर्म-मुखर,
मानव मानव-जीवन।

धौत-धवल ऋतु के पल,
सञ्चारण चरण चपल,
कारण-वारण, वल्कल-
धारण, सुकृतोच्चारण।

नहीं कहीं जड़-जघन्य,
नहीं कहीं अहम्मन्य,
नहीं कहीं स्तन्य-वन्य,
चिन्मय केवल चिन्तन।

(१९४२)

सैंतीस/स्वामी प्रेमानन्द जी महाराज

आमों की मञ्जरी पर
उतर चुका है बसन्त,
मञ्जु-गुञ्ज भौंरों की
बौरों से आती हुई,
शीत-वायु ढो रही है
मन्द-गन्ध रह-रहकर
नारियल फले हुए,
पुष्करिणी के किनारे
दोहरी कतारों में
श्रेणीबद्ध लगे हुए।
भरा हुआ है तालाब,
खेलती हैं मछलियाँ,
पानी की सितह पर
पूँछ पलटती हुई।
वहीं गन्धराज, बकुल,
बेला, जुही, हरसिंगार,
केतकी, कनेर, कुन्द,

चम्पा लगे हुए हैं–
पूजा के उपचार,
ऋतु–ऋतु में खिलते हुए।
अमरूद, जामुन, अनार, लीची, फालसे,
कटहल लगे हुए।
कोनों में बाँसों के झाड़, कहीं कहीं इमली,
इंगुदी, कपास, नीम,
मध्यवित्त गृहियों के वासगृहों के पीछे।
सामने है पूजागृह–
भिन्न वासगृह से,
स्वच्छ स्निग्ध गन्ध से मोदित करता हुआ।
ब्राह्मण का शोभन गृह।
अन्य ओर धान का गोला, पुष्करिणी कल
एक ओर, बीचों बीच, और स्वच्छ जलवाली,
हल्की–सजी हुई; बँधा हुआ घाट सुघर।
यहाँ लगे हैं गुलाब, नारियल वैसे ही,
नहीं बाँस या इमली।
सुन्दर–सी बैठक में
गृहस्वामी बैठे हुए।
बालकों का कलरव
गूँजता हुआ अबाध।

बेर के, खजूर के,

आम और जामुन के नीचे, पकते समय,

महाभारत मचा हुआ।

दूर-दूर पास-पास गाँव के आवास हैं

ऊँचे भूखण्डों पर।

नीची-नीची ज़मीं में,

जमता है जहाँ पानी,

धान कट चुके हैं अगहन के, देर हुई,

किन्तु ऐसी ज़मीं में अभी तक कुछ नमी है।

गृहस्वामी परमहंस देव जी के भक्त हैं।

युवक-समाज बड़े चाव से पढ़ता है

स्वामी विवेकानन्द जी के लिखे हुए ग्रन्थ।

शोधन भी चाहता है करना चरित्र का

उनके प्रभाव से,

जैसे मधु-ऋत्तु से तरु।

ग्रामीण-जनों में निश्चय बँध चुका है।

स्वामी प्रेमानन्द जी, शिष्य रामकृष्ण के,

उत्सव में आयेंगे। भेजा गया भक्त एक

स्वामी जी को लेने को, युवक एक पश्चिम के

प्रान्त का, जिसके पिता

बंगदेश गये थे,

फिर वहीं

बसे थे। तरुण वह

ले आया स्वामी को

जैसे भास को प्रभात।

साथ ब्रह्मचारी थे,

आत्मा की खोज और

लोगों की सेवा के लिए

गये हुए थे जो वहाँ।

पूर्णिमा के चन्द्र को

देखकर चढ़ा हुआ

सागर समुदाय था

स्वामी जी के दर्शनों से

पीटकर बराबर एक खेत कर दिया गया,

बड़ा शमियाना तना।

तोरण बनाये गये।

द्वारों पर दोनों ओर

कलस रखे गये

जलपूर्ण, सेंदुर से

स्वस्तिका खींचकर,

आम्र-पल्लव, धान-भरी

परई, कच्चा छोटा

नारियल रखकर।

मञ्च सजा पुष्प और पल्लवों का शोभापूर्ण।

चित्र रामकृष्ण का

रक्खा गया तख्त पर

फूलों से आच्छादित।

रँगे हुए कागजों की जंजीरें।

'स्वागत' प्रवेश-द्वार पर लगा हुआ विशाल।

बाल-वृद्ध-युवा-नर-नारी आते-जाते हुए।

कीर्त्तन होता रहा

खोल-करताल पर।

खिचड़ी, भाजियाँ कई,

मिष्टान्न, परिवेश

किया गया दीन नारायणों के अभ्यर्थन में।

अन्य जन बैठते थे

प्रत्याशी प्रसाद के,

साथ, एक पंक्ति में।

कितनी पंक्तियाँ हुईं।

आमन्त्रित थे सभी

धनी मानी, नगर के

राजकर्मचारिवर्ग,

जीवन की पुष्टि और

आध्यात्मिक धारणा के लिए आये हुए थे,
भक्ति के प्रतिरूप,
पवन ज्यों मुक्त हों
भली-बुरी गन्ध से।
घेरकर आत्मा को
खड़े थे देह जैसे।
मञ्च के सामने
कीर्त्तन होता रहा
गायकों का, भक्तों का।
बजते हुए मृदङ्ग,
करताल, चक्राकार
भक्तजन परिक्रमा करते हुए बार-बार।
उत्सव समाप्त हुआ।
स्वामी को बुलाकर
श्रेष्ठ राजकर्मचारी
ले आये उपवन के अपने भवन में।
रक्खा समादर से।
पूजानुष्ठान हुआ
पश्चिमीय तरुण ने
श्री सुतीक्ष्ण की कथा
रामचरितमानस से

पढ़ी मधुर कण्ठ से

वन्दन रघुनन्दन का

भक्ति से ओतप्रोत।

सभ्य जन आँसू बहाते हुए सुनते रहे।

स्वामी जी ध्यानमग्न,

स्वर के स्तर से चढ़कर

सहस्रार में गये।

लोकोत्तरानन्द तभी सबकी समझ में आया।

कथा परिसमाप्त हुई।

गृहस्वामी भोजन का

आयोजन करने लगे।

पत्तलें पड़ीं नयी।

आसन बिछाये गये।

जल-पात्र रक्खे गये।

घृतपक्व गन्ध से

महकने लगा गृह।

दूर आवास तक

हवा खबर भेजती है।

आमन्त्रित हैं सभी

राजकर्मचारिवर्ग।

आवाहन होने पर

स्वामी उठकर चले।

क्षालित हुए उनके पद,

हाथ-मुँह धुलाकर

आसन दिखाया गया,

सबसे अधिक मर्यादित।

उनके बैठने ही पर

बैठे आमन्त्रित जन,

एक ही पंक्ति में

ब्राह्मण-कायस्थ सब!

श्रेष्ठ राजकर्मचारी

जाति के कायस्थ थे।

स्वामी जी का पूर्वाश्रम कायस्थ कुल में था

जैसे विवेकानन्द जी का।

राजकर्मचारी को गर्व इससे हुआ

खुलकर वह बोले भी-

"एक दिन ब्राह्मणों ने

हमें पतित किया था-

शूद्र कहलाये हम,

किन्तु श्रीविवेक और

आप-ऐसे कृतियों ने

धन्य हमें कर दिया।

ब्राह्मणों की ही तरह
हम भी सिर उठाकर
रहते हैं समाज में,
एक ही फल के भागी–
भोगी स्वाच्छन्द्य के।''
स्वामी जी मौन थे
स्तुति को दबाते हुए
जो थी एकांगिणी।
सजग हुए ब्रह्म वर्ग,
स्पर्द्धा से उद्धत–सिर,
देखते ही स्वामी जी
समझे वह मनोभाव
क्षोभ भरनेवाला,
बोले स्नेह–कण्ठ से–
''संन्यासी होने पर
देश–काल–पात्रता से
दूर हम हुए हैं,
रामकृष्णमय जीवन,
सर्व जनों के लिए।
ब्राह्मण के घर जिनका
शुभ जन्म हुआ था,

उनके दर्शनों को
हम या विवेकानन्द
नहीं गये थे वहाँ,
जो थे परमात्मालीन
त्यागी-योगी सिद्धेश्वर,
उन्हीं प्रवर से सीखें
ली हैं हम लोगों ने
विगत जाति-कुल से।''
यद्यपि उन मधुपुष्प शब्दों पर बैठकर
शान्त हुए द्विज-भ्रमर,
फिर भी बर्र जैसे एक गूँजते ही रह गये-
राजा हैं ब्राह्मण, मैं
ब्राह्मण-विद्वेष की कथा उनसे कहूँगा,
उन्हीं के साथ यह श्रेष्ठ राजकर्मचारी
बैठ कर जेंयेंगे-
देखेंगे हमलोग।''
कहकर वह उठने लगे।
एक दूसरे ने कहा,
''रसगुल्ले आ रहे हैं,
अभी कहाँ जाते हैं?
कटु हुई है जिह्वा, मीठी कर लीजिए।''

वह पश्चिमीय भी बैठा था चुपचाप।
उठने को काँपकर बैठे रहे द्विजदेव।
भोजन अधूरा ही छोड़कर स्वामी जी
उठकर खड़े हुए।
बढ़ते हुए कहा यह, "होगा हमारा भी कोई
अपना समझदार, समझायेगा वही
ऐसे विद्वानों को।"
द्विज भी खड़े हुए,
पश्चिमीय की तरफ उँगली उठायी, कहा,
"ऐसा भी आदमी पंक्ति में बैठाला गया
जिसके माँ-बाप का पता आज तक न लगा,
घोर कलिकाल है!"
स्वामी जी ने कहा,
"ऐसे कलिकाल में
रामकृष्ण आये हैं, स्वामी श्री विवेकानन्द
ऐसे ही जनों के परमबन्धु हो गये।
पता उन्हीं का रहा, कुछ पता नहीं था जिनका,
म्लेच्छ और दुराचारी जो लोग कहलाते रहे।"
राजकर्मचारी ने
हाथ जोड़कर कहा,
"आपके बैठे बिना

लोग उठ जायँगे,

यज्ञ अधूरा होगा।''

स्वामी जी ने कहा, ''इसी युवक को पहले

लाकर परोसो अन्न-मिष्टान्न जो कुछ हो

भोजन-समाप्ति का,

यहीं से प्रारम्भ इस भोजन का होता है,

पायेंगे प्रसाद सभी।''

मेघमन्द्र कण्ठ से स्तम्भित सब हो गये।

बैठ गये स्वामी जी।

मिष्टान्न लाया गया,

पहले परोसा गया युवक को विनय से।

दबे हुए चुपचाप

समय के प्रभाव से

आमन्त्रित बैठे रहे,

मिष्टान्न खाया स्वाद साधुता का लेते हुए।

खुल गये प्राण सब,

गगन में जैसे तारे।

चमके आमन्त्रित जन।

साधुभोज पूर्ण हुआ।

प्रातःकाल सभा हुई।

स्थानीय जन समवेत हुए प्रेम से

रामकृष्ण और श्री विवेकानन्द की बातें
स्वामी प्रेमानन्द जी के मुख से सुनने के लिए।
राजकर्मचारी जी सब से विद्वान् थे-
आदरणीय, राज्य के प्रधानामात्य-पद पर;
उन्हीं ने सभापति का आसन सुशोभित किया।
बगल में श्री स्वामी जी की कुरसी रक्खी गयी।
समागत सभ्य विद्वानों के व्याख्यान हुए
श्रीमद्रामकृष्ण परमहंस देव पर, कोई
स्वामी श्री विवेकानन्द जी के विषय पर बोले,
आधुनिक धर्म, त्याग,
जाति का उत्थान, प्रेम,
सेवा, देश-नायकता,
भारत और विश्व जैसी गहन समस्या लेकर।
एक ब्रह्मचारी ने
स्वामी श्री विवेकानन्द जी की 'वीरवाणी' से
'सखा के प्रति' विशिष्ट पद्य की आवृत्ति की।
स्वामी जी से बोलने के लिए प्रार्थना हुई।
जनता उद्ग्रीव देखती थी वह पवित्र मुख।
स्वामी जी खड़े हुए,
कहा, "हम सेवक हैं,
आप लोग आमुख हैं सब विद्या के,

बोलेंगे; हममें जो श्रेष्ठ श्रुतिधर थे–विवेकानन्द
जानता है विश्व उन्हें–
जनता के अर्थ वे
सब कुछ कह गये हैं,
सिर्फ़ काम करना है;
फिर भी हम बोलते हैं लोगों के आग्रह से
सांसारिक धर्म पर
सर्वश्रेष्ठ जो है जैसा ऋषि–मुनियों ने कहा है।
एक दिन विष्णु जी के पास गये नारद जी,
पूछा, मृत्युलोक में वह कौन है पुण्यश्लोक
भक्त तुम्हारा प्रधान?
विष्णु जी ने कहा, "एक सज्जन किसान है,
प्राणी से प्रियतम।"
नारद ने कहा, "मैं
उसकी परीक्षा लूँगा।" हँसे विष्णु–सुनकर यह,
कहा कि ले सकते हो।
नारद जी चल दिये,
पहुँचे भक्त के यहाँ,
देखा हल जोतकर आया वह दुपहर को;
दरवाजे पहुँचकर राम जी का नाम लिया;
स्नान–भोजन करके

फिर चला गया काम पर!
शाम को आया दरवाजे, फिर नाम लिया
प्रात:काल चलते समय
एक बार फिर उसने
मधुर नाम स्मरण किया।
बस केवल तीन बार;
नारद चकरा गये।–
दिवारात्र जपते हैं नाम ऋषि-मुनि लोग
किन्तु भगवान् को किसान ही यह याद आया।
गये वह विष्णुलोक,
बोले भगवान् से,
"देखा किसान को,
दिन-भर में तीन बार
नाम उसने लिया है।"
बोले विष्णु, "नारद जी,
आवश्यक दूसरा
काम एक आया है,
तुम्हें छोड़कर कोई
और नहीं कर सकता।
साधारण विषय यह।
बाद को विवाद होगा;

तब तक यह आवश्यक कार्य पूरा कीजिए।
तैल–पूर्ण पात्र यह,
लेकर प्रदक्षिणा कर आइए भूमण्डल की,
ध्यान रहे सविशेष,
एक बूँद भी इससे
तेल न गिरने पाये।''
लेकर चले नारद जी,
आज्ञा पर धृतलक्ष्य–
एक बूँद तेल उस पात्र से गिरे नहीं।
योगिराज जल्द ही
विश्व–पर्यटन करके
लौटे बैकुण्ठ को,
तेल एक बूँद भी उस पात्र से गिरा नहीं।
उल्लास मन में भरा था
यह सोचकर, तैल का रहस्य एक
अवगत होगा नया।
नारद को देखकर
विष्णु भगवान् ने
बैठाला स्नेह से,
कहा, ''यह उत्तर तुम्हारा यहाँ आ गया।
बतलाओ, पात्र लेकर जाते समय कितने बार
नाम इष्ट का लिया?''
''एक बार भी नहीं'',

शङ्कित हृदय से कहा नारद ने विष्णु से,
''काम तुम्हारा ही था,
ध्यान उसी से लगा,
नाम फिर क्या लेता और?''
विष्णु ने कहा, ''नारद,
उस किसान का भी काम
मेरा दिया हुआ है,
उत्तरदायित्व कई लादे हैं एक साथ,
सबको निभाता और
काम करता हुआ
नाम भी वह लेता है,
इसी से है प्रियतम।''
नारद लज्जित हुए,
कहा, ''यह सत्य है।''
व्याख्यान पूरा हुआ,
स्वामी जी बैठे, स्तब्ध
सभा रञ्जित हुई,
धार्मिक आभास मिला।
स्वामी जी ने कहा चीफ़ मैनेजर साहब से,
''कोई दर्शनीय स्थान हो तो हमें दिखा दो।''
''राजा के गढ़ मध्य
मन्दिर है कृष्ण जी का,
बहुत ही सुन्दर स्थल,

सन्ध्या की आरती के समय साथ चलेंगे,''
मैनेजर ने कहा,
''यों तो प्रासाद तथा और दृश्य हैं,
किन्तु व्यर्थ आपके लिए है यह देखना।''
स्नान, ध्यान, भोजन, आराम के अनन्तर
सब लोग तैयार हुए
कृष्ण जी के दर्शन को,
राजगढ़ के अभ्यन्तर।
स्वामी जी, तीन ब्रह्मचारी, मैनेजर साहब
चले, पश्चिमीय वह युवक भी साथ हुआ।
तीन मील घेरकर गहरी एक नहर-सी
परिखा है चारों ओर से गढ़ को डालकर
अपने में वेष्टनी-सी।
पश्चिम में सिंहद्वार,
परिखा के पुल के बाद।
सीधा रास्ता गया। दोनों ओर बड़े-बड़े
स्वच्छ जलाशय है।
समतल किये हुए
सरोवर तटोद्यान के। दूब जमायी हुई।
थालियाँ ऋतुपुष्पों की, लाल पीले ज़र्द
मिश्र रङ्गों को बहार तृप्त करती हुई नयन,
बेंचें पड़ी हुई,
सरोवर-जल-स्पृष्ट हवा स्निग्ध आती हुई,
रास्ते के दोनों ओर बटम-पाम की क़तारें,

दोनो ओर सरोवर काफी भूमि छोड़कर,
दो-दो, चार; दायीं ओर मध्य से गयी है राह
कृष्ण जी के मन्दिर को, बीच से दो सरों के।
हरियाली दूब की, जल की लघु नीलिमा,
बटम-पामों की छाया छत्राकृति दूर तक,
ऋतुपुष्पों की शोभा, देवदार, हींग और
इलायची-अशोक जैसे
क़ीमती वृक्षों की छटा
मुग्ध कर लेती है मन को क्षणमात्र में
जल की लहरियों से खेलता है समीरण।
एक राह और राज-भवन से गयी हुई।
बीच में, तालाबों के खत्म होते एक और
ड्योढ़ी पड़ती है बड़ी,
बाद को प्रासाद है,-
ड्योढ़ी से दिखता हुआ,
शोभन विशालकाय,
उद्यानों में बना,
चीफ़ मैनेजर साहब उसी से लेकर चले।
ड्योढ़ी पर सन्तरी खड़ा हुआ,
सिंहद्वार पर जैसा,
जिसको ये पार कर यहाँ आकर पहुँचे हैं,
राजप्रासाद का सन्तरी दिख रहा है
दीर्घ इस ड्योढ़ी के बहुत ऊँचे फाटक से;
संगमारवर के सोपान उसके प्रायः बीस,

बहुत लम्बे-लम्बे, एक-मंज़िले तक ऊँचा-चढ़े;
दोनों ओर तोपें लगीं, बैठे, सिंह भीमकाय
सोने के पानी के चढ़े, दोनों ओर पत्थरों पर;
दोनों ओर बटम पाम, एक-एक, बड़े-बड़े;
खुला बड़ा बरामदा, संगमारवर और
संग मूसे का बना, पत्थर चौकोर क्रम
क्रम से लगे हुए,
ऊँची-ऊँची रेलिंग और बड़े-बड़े दरवाजे
दुहरे; एक, शीशे का; भवन विशालकाय;
मन्द पवन बहता हुआ;
रातरानी की सुगन्ध आती हुई भीनी-भीनी।
सन्तरी ने चीफ़ मैनेजर को सलाम किया
और विनय से कहा,
"महाराज का है हुक्म,
आप ही अकेले इस मार्ग से जा सकते हैं;
दूसरों के लिए जब तक
कोई हुक्म नहीं होगा,
छोड़ नहीं सकता मैं।
दूसरों के लिए मार्ग उधर से है जाने का।"
अब तक वह ब्राह्मण
जो भोज में गरमाये थे,
बाहर आये, कहा,
"महाराज उतर आये हैं,
इतना सम्मान परमहंस देव जी के लिए

उनके हृदय में है,
लेकिन अपमानकारी इस स्वामी जी के लिए
जो कि उस आश्रम के
एक कायस्थ हैं,
उचित व्यवस्था वह मन्दिर में करेंगे
दर्शन दिलाते समय।"
एक साधारण कर्मचारी की बात सुनकर
मैनेजर साहब सन्नाटे में आ गये,
कहा, "यह आये हैं
इतना ही बहुत है,
और तुम्हें कौन समझायेगा यह कौन हैं,
कौन हैं विवेकानन्द।"
संवाददाता ने कहा,
"महाराज का कहना जैसा था, मैंने किया
आप जैसा कहेंगे,
चलकर उनसे कहूँगा;
फिर उत्तर ला दूँगा।
खड़े रहिए जरा देर,
क्योंकि वह खड़े हैं।"
कहकर चले गये,
कुछ देर बाद आये,
कहा, "महाराज की
आज्ञा नहीं ली गयी;
आपको मालूम है,

सिंहद्वार से इधर
कोई अजनबी कभी
पैर नहीं रख सकता;
आप यहाँ आ गये,
फिर भी खामोश हैं,
राजा के सिपाही लोग।''
इससे बड़ा अपमान
दूसरा नहीं होता।
जैसे शिव गरल को
पीकर, स्वामी जी बोले
''देव-दर्शन के लिए
हुक्म लिया जाता है!
हमें नहीं ज्ञात था।''
ब्रह्मदेव ने कहा,
''देवता राजा के हैं, नहीं किसी प्रजा के।''
तमतमा उठे स्वामी,
किन्तु धैर्य से रहे, पूरी बात सुनने को।
ब्राह्मण जी कहते गये,
''चीफ़ मैनेजर साहब,
राजा यहाँ वही हैं
जिनके दर्शन के लिए जा रहे हैं आप लोग;
यह तो बतलायें, अपमान किसका किया था?''
मैनेजर स्वामी जी को बात समझाने लगे-
''कृष्ण जी ही राज्य के राजा कहे जाते हैं

मुहर में उन्हीं की छाप चलती है यहाँ,
उत्तराधिकारी ये लोग कहे जाते हैं।''
स्वामी जी मुस्कराये,
सीधे स्वर से कहा,
''क्या वह भी ब्राह्मण थे,
जिसका इन्हें गर्व था।''
झेंप गये ब्रह्मदेव,
कहा, ''महाराज ने और यह कहा–
नंगेपन के उत्तर में अपने गुरुदेव को
''नंगे बाबा जी को हम पेश यहाँ करते हैं।''
स्वामी जी ने कहा,
''परमहंसदेव भी नंगे हो जाते थे।
गुरु सब एक हैं,
साधु अपमान नहीं करता, सह लेता है।''
चीफ़ मैनेजर को गहरा धक्का लगा।
ब्रह्मदेव कहने लगे–
''आप हैं सर्वश्रेष्ठ राजकर्मचारी, तभी
हल्की-हल्की सजा का विधान किया गया है
आप हों या स्वामी जी, एक ही महज्जन
इस मार्ग से जायेंगे, अन्य जन घूमकर।
पश्चिमीय के लिए सदा का निषेध रहा
मन्दिर-प्रवेश में।''
काँप उठे स्वामी जी,
''इसलिए नहीं आये''

कहा, ''कभी दर्शन भी
किये नहीं जैसे, हम
साधु हैं।'' शरीर से
ज्वाला-सी निकली, ज्यों
ग्रास ही कर जाने को,
ब्रह्मदेव तड़ित से स्तम्भित-से हो गये
देखा, श्रीकृष्ण जी स्वामी जी में आ गये
ब्राह्मण को अपने नेत्रों पर हुआ अविश्वास।
रगड़कर फिर से देखा, कृष्ण जी की नीलकान्ति
ज्योतिर्मयी घनीभूत स्वामी जी की देह में।
आनन्द के परमाणुओं का फ़व्वारा छुटा।
जितने जन थे जैसे उमड़े आनन्द हों।
देखा ब्रह्मदेव ने ज्योति की-सी रेखा से
स्वामी जी के साथ पश्चिमीय का शरीर बँधा
पागल-सा हुआ वह भागा यह कहता हुआ।
''वाह वाह, ऐसा अच्छा आज तक नहीं देखा।''
कहता दौड़ता हुआ राजा के समीप गया
सुनते ही महाराज अभिभूत हो गये।
फिर भेजा ब्राह्मण को
सादर ले चलने के लिए कृष्ण-मन्दिर में
उसी राह स्वामी को।
स्वामी जी ने कहा,
''साधारण के ही हैं हम
घूमकर जायँगे,

हमें यही खुशी है।"
अस्तु घूमकर गये।
दोनों ओर नौबतखाने।
चत्वर संगमारवर का।
दोनों ओर दिव्य मन्दिर।
सामने विशालकाय मन्दिर में कृष्ण जी
स्वर्ण-भूषणों से सजे।
देखकर द्वारकाधीश कृष्ण याद आ गये।
पश्चिमीय जन वह मन्दिर के बाहर रहा
स्वामी जी ने चलते समय कहा कि "मैं वही हूँ
बाहर खड़ा है जो।"
लौटे जब स्वामी जी-
साथ युवक हो गया मन्त्र-मुग्ध प्रेम से।
वासना से मुँह फेरा, सदा को चला गया।
(१९४३)

अड़तीस

नाम था प्रभात ज्ञान का साथी,
एक पाठशाले में पढ़ा हुआ,
बातचीत करता था हँस-हँसकर,
बढ़ा मेलजोल में कढ़ा हुआ,
गोरा छरहरा बदन, बड़ी फाँखें
आँखें, पलकों से उभारती चितवन;
राह बचाता चला, गठी फिर भी
चड्ढी, हो गयी उछाह से अनबन;
खेलता खाता हुआ वह पल रहा था,
कभी दिल को नहीं लगी चोट सख्त,
कहा, "ज्ञान, तेरा साथ मिलने पर,
नहीं चाहिए कुछ भी, किसी वक्त।"
कहा ज्ञान ने, "फिर तू कैसा प्रभात,
अगर हटायी न हटी वैसी रात?"
(१९४३)

उनतालीस

मेरे घर के पश्चिम ओर रहती है
बड़ी-बड़ी आँखोंवाली वह युवती,
सारी कथा खुल-खुलकर कहती है
चितवन उसकी और चाल-ढाल उसकी।
पैदा हुई है गरीब के घर, पर
कोई जैसे जेवरों से सजता हो,
उभरते जोबन की मीड़ खाता हुआ
राग साज पर जैसे बजता हो।
आसमाँ को छूती हुई वह आवाज
दिल के तार-तार से मिलायी हुई,
चढ़ाती है गिरने का जहाँ नहीं डर
कली की सुगन्ध जैसे छायी हुई।
चढ़ी हुई है वह किसी देवता पर
जहाँ से लगता है सारा जग सुन्दर।
(१९४३)

चालीस

सड़क के किनारे दूकान है
पान की, दूर एक्कावान है
घोड़े की पीठ ठोंकता हुआ,
पीरबख्श एक बच्चे को दुआ
दे रहा है, पीपल की डाल पर
कूक रही है कोयल, माल पर
बैलगाड़ी चली ही जा रही है।
नीम फूली है, खुशबू आ रही है,
डालों से छन-छनकर राह पर
किरनें पड़ रही है, वाह पर
वाह किये जा रहा है खेत में
दाहिनी तरफ़ किसान, रेत में
बायीं तरफ चिड़िया कुछ बैठी हैं,
खुली जड़ें सिरसे की ऐंठी हैं।
(१९४३)

इकतालीस

निशा का यह स्पर्श शीतल
भर रहा है हर्ष उत्कल।
तारिकाओं की विभा से स्नात
आलियों की कुन्द-कलिका-गात;
हिल रहा है श्वेत अञ्चल शान्त
पवह से अज्ञात प्रतिपल।
चन्द्र-प्रिय-मुख से लगे हैं नयन,
शिखर-शेखर भवन पर है शयन,
वायु व्याकुल कर रही है चयन
अलक-उपवन-गन्ध अन्ध-चपल।
शिखर के पद पर प्रखर जल-धार
बह रही है सरित,-सुस्त विचार
प्रणयियों के, हैं हृदय पर हार
शब्द-सुमनों के, अमल छल-दल।

(१९४३)

बयालीस

तुम चले ही गये प्रियतम
हृदय में प्रियेछबि नहीं ली।
व्यर्थ ऋतु के दृश्य-दर्शन,
व्यर्थ यह रचना रसीली।
खुले उर को प्रेमिका की
गन्ध का वाहक नहीं अब,
मुक्त-नयना सङ्गिनी का
पथिक परिचायक नहीं अब;
खुली जो मुरझा चली कलि,
बँधी छबि हो गयी ढीली।
बरसने को गरजते थे
वे न जाने किस हवा से
उड़ गये हैं गगन में घन,
रह गये हैं नयन प्यासे,
उड़ रही है धूल, धाराधर,
धरा होगी न गीली।

(१९४३)

तैंतालीस

चूँकि यहाँ दाना है
इसीलिए दीन है, दीवाना है।
लोग हैं, महफ़िल है,
नग्मे हैं, साज है, दिलदार है और दिल है,
शम्मा है, परवाना है,
चूँकि यहाँ दाना है।
आँख है, लगी हुई;
जान है, जोवट भी है भगी हुई,
दोनों आँखोंवाला है, काना है,
चूँकि यहाँ दाना है।
अम्मा है, बप्पा है,
झापड़ है और गोलगप्पा है,
नौजवान मामा है और बुड्ढा नाना है,
चूँकि यहाँ दाना है।
(१९४३)

चौवालीस

जलाशय के किनारे कुहरी थी,
हरे-नीले पत्तों का घेरा था,
पानी पर आम की डाल आयी हुई;
गहरे अँधेरे का डेरा था,
किनारे सुनसान थे, जुगनूँ के
दल दमके-यहाँ-वहाँ चमके,
वन का परिमल लिये मलय बहा,
नारियल के पेड़ हिले क्रम से,
ताड़ खड़े ताक रहे थे सबको,
पपीहा पुकार रहा था छिपा,
स्यार बिचरते थे आराम से,
उजाला हो गया और-तारा दिपा,
लहरें उठती थीं सरोवर में,
तारा चमकता था अन्तर में।
